Noctis Labyrinthus

- Edidiones de otro mundo -

Colección: poieo, 3

Areografía

Raúl Fernández Cobos

AREOGRAFÍA

———

RAÚL FERNÁNDEZ COBOS

Noctis Labyrinthus, colección: *poieo*, 3
Ilustración de portada: María Saro Baldor
Fotografía del autor: Diego Herranz Muñoz

Primera edición: 2016
Segunda edición: 2023
Tercera edición: 2024

© 2016, Raúl Fernández Cobos
© 2016, *Noctis Labyrinthus*
Santander (España)
info@noctislabyrinthus.com
www.noctislabyrinthus.com

ISBN-13: 978-3981812947
ISBN-10: 3981812948
Depósito legal: SA 51-2024

AGRADECIMIENTOS

Este poemario ha nacido de una ilusión contagiada por muchos. Aprovecharé la coyuntura para mencionar a aquellos que, de modo inexplicable, han querido ver en mí la capacidad para escribir unos versos aun cuando me sentía completamente marciano frente a los libros de poesía. Decisivos, de manera más o menos conscientes, han sido la confianza brindada por Alba Pascual y Noé Ortega, el empujón final que me lanzara a este mundillo; las impresiones de Noelia Palacio, al ofrecerse a padecer mis criaturas tempranas; el interés de Alba Eva Peláez descubriéndome la voz nuclear de Luis Alberto de Cuenca en una época en que, a mis ojos, ciencia y poesía eran un matrimonio imposible; y por supuesto, la influencia literaria y personal, patente a lo largo de los años, de mi amigo Pablo Matilla. Algo cala, después de todo.

Quisiera también dar las gracias a mi familia; como siempre, incondicionales. A María

Ferreiro, cuya labor como editora ha posibilitado este libro. Y por último, a María Saro, por acceder una vez más a obrar el milagro de destilar en una imagen la esencia del caos que reina en mis ideas.

*A todos los insensatos que siguen
soñando con Marte.*

LA AREOGRAFÍA

La Areografía —de modo análogo a la Geografía de la Tierra— es la disciplina que estudia los accidentes del terreno en Marte. En sentido amplio, no solo se limita a describir el paisaje, sino que también se ocupa de las sociedades que lo habitan y de su relación con el medio, ya sea, por enunciar algunos condicionantes urgentes, a través del clima o los recursos, los espacios, las fronteras naturales.

Descender a su superficie, cartografiar Marte implica una mirada en la dimensión temporal —en la Historia, si se quiere— de otro mundo. Hablamos de definir el datum, sobrevolar sus dunas, pasar el dedo sobre la gran cicatriz de Valles Marineris o intentar delinear los límites de antiguas cuencas de inundación. Y al hacerlo, por desgracia, no podemos evitar parte de su ruina, pues, como ya predijera Ray Bradbury: «Los antiguos nombres marcianos eran nombres de agua, de aire y de colinas. Nombres de nieves que descendían por los canales de piedra hacia los mares vacíos. Nombres de hechiceros sepultados en ataúdes herméticos y torres y obeliscos. Y los cohetes golpearon como martillos esos nombres, rompieron los mármoles, destruyeron los mojones de arcilla que nombraban a los pueblos antiguos, y levantaron entre los escombros grandes pilones con nuevos nombres: [...] nombres mecánicos, y otros nombres de metales terrestres»*. Marte evoca tristeza, pasado y una nostalgia atávica. Es el resto de una guerra, helado, preservado y ofrecido al altar de la indiferencia; coyunturalmente, un planeta que agoniza a merced de nuestra contemplación.

Pero Marte también es un paisaje y un clima mental. El cajón donde guardamos aspectos de nosotros mismos que ya no consideramos útiles; el refugio que reservamos para cuando todo se desmorone. Al fin y al cabo, su naturaleza tal vez encierre la emoción de una madre que nos anhela. —

* *Crónicas marcianas,* Ray Bradbury, Ediciones Minotauro.

1

[...] et pacem per astra ferimus.

Disco de oro de las Voyager.
Sonidos de la Tierra.
Por cortesía de NASA/JPL-Caltech.

REDENCIÓN

I

Dirían más tarde que llegaron de muy lejos,[1]
aunque no fuera cierto:
porque no existe distancia capaz
de cruzar el borde del tiempo.

Tardaron siglos en romper el silencio,
decidieron aplacar la furia
con la voz límbica
que acompasaba
su paso por los cuerpos.

Habrían venido a morir
de haber nacido.

II

Lo capturaron primero, hicieron
del viento su cómplice.
No la nombraron, la inmolaron dentro
de sí mismos;

ganaron sin declarar
la última guerra.

III

Frenaron el mundo y casi
al mismo tiempo dejarían
de latir los corazones:

no habrían de usarse
nunca más,

entonces
ya costaba respirar.

VAGAMUNDOS

Caravana errante que no busca paraíso,
orbe a la deriva
rasga la nada, ajeno
a la promesa de otro.

Horadan sabiéndose huérfanos
seres de interregno en un mar de
indiferencia:
no habían sido convocados por el faro de la
vida.

Encienden motores incomprensibles,
estalla el abismo prendido de esperanza,
una noche alguien llora por aquellos
monstruos
cuya civilización se rompe.

Entes leves, intangibles, lacónicos
no habían sido fascinados por el canto de la
estrella.

En el mundo nadie quiso
predecir lo irrebatible:
Marte era una trampa
de nostalgia.

EL ÚLTIMO OFICIO

Arrebujado en harapos
el avance ahogado del barquero,

remos que no tocan nada,
el mudo lamentar de la roda
saja la bruma
que cubre el horror:

el silencio blanco[2]
sofoca el mundo.

Recoge pedazos de la pérdida,
sombras, atisbos, esbozos,
el consuelo de la burda aproximación;

recompone rostros, parajes inhóspitos,
la canción de un vagabundo
que cuenta luces
en el cielo.

AULARIO DE TERMODINÁMICA

Aula I

No importa cuánto ni cómo lo intentemos,
los sentidos no perciben
estados absolutos
  —no han sido diseñados para eso—;
advierten solo cambios,
y cambios en los ritmos de los cambios.

Aula II

Dicen que la mayor parte de la materia
que compone todo
está vacía.

Y yo lo creo,
pues estamos ciegos
a lo imperturbable.[3]

Aula III

Es nuestro mapa del mundo
un registro de trazas;
el producto indiscreto del cotilla,
una clave de flujos, tremores y danzas.

En cierto modo, algo muere
con cada letra que entra
a completar nuestro libro.

Aula IV

La vista se acomoda
a la forma del paisaje,

solo capta al oruguero
en su picado.

Finalmente,
la ruina
será el triunfo
de la vida.

VESTIGIOS EN EL HIELO

Se fueron a los confines
de la vida:
allá donde la noche es eterna
y la luna se esparce
sobre huellas
en la nada,
donde un paraíso yaciera
bajo tres mil cuerpos de hielo.

Horadaron el sagrario
del martirio moderno,
el lugar donde todas
las horas confluyen
y dos nombres de inmortales
guardan duelo
y pesan
como mil losas
de piedra.

Sepultaron ristras
de mundos en el frío,
capaces de seguir la estela

que deja atrás la luz;
miraron a través de la tierra
para ver el cielo,
escuchar
el fluir de lo invisible.

PAISAJES

Crecieron solos
de cara al barranco,

asomaron entre los tablones podridos
de un barco varado.

Recordaban

que alguien quiso
cruzar el mar de Argyre.[4]

SOLEDADES

El vacío
es todo cuanto existe.

Una nada
enorme y fría
se impone a todas las presencias.

A partir de la luz que habla con entidades
que no ocupan,
inventamos la solidez de nuestro mundo.

La mente no soporta que no haya.

El tiempo y otros flujos invisibles
atraviesan los cuerpos sin que éstos
se den cuenta.

Apenas dejan nada en ellos;
una angustia, una nostalgia; tal vez,

un minúsculo arañazo;
todos un rastro sutil de desorden.

La evidencia de un fantasma en el espejo.

HUÉRFANOS

[...] y los negros copos de la mortalidad vo-
laban alrededor
de la arrastrada danza de los niños.

Crónicas marcianas, Ray Bradbury,
Ediciones Minotauro

Silban sus cuerpos en el aire,[5]
voces que pueblan las laderas
con el alboroto de los juegos.

Hace tiempo que no
pasan los trenes.

Donde los nidos humanos
se cubren de bruma y arrancan
destellos al sol.

Urge la risa, cloquea por la avenida,
reverbera en el cemento,
no se quedan;

vienen solo a recoger
todos los huesos.

FIN

Mucho más tarde,
la noche eterna:

cuando la civilización rodara
al filo del fuego,

la última aldea
habría de evocar tiempos
en que la guerra
fuera tan cierta como el aire
y los reinos naufragaran
de amor,
e imaginaran mil finales.

Entonces ya eran dulces
las derrotas;
los imperios adolecen de nostalgia.

2

Así es la certeza de la caída segura, más terrible para el cerebro que la inmediata y por sorpresa.

OM. La montaña roja, Felipe Colorado, Desnivel.

LA CAÍDA

Se pierde en el limbo,
cae,
deriva en el vacío como un buque
arrastrado hacia la costa;
me resigno a conservar
las astillas de su mundo.

Desprende la fatalidad del condenado,
destino escrito en las hebras del espacio
de quien arde sin remedio;
¡belleza infausta
e indeleble
que pauta su colapso!

Ni el fulgor de veinte soles
quemará como el silencio.

LLUVIA DE AGOSTO

El cielo crepitó
como si tuviera un cable suelto.

Sintonizaron
la noche en la que caen
miles de mundos.

HORROR VACUI

Los viejos sabios lo intuyeron:
le dieron la forma
arremolinada de la historia
—le pusieron el rostro de Ishtar
señalando el paraíso donde todo cesa,
gravita rotundo y obedece
a leyes inestables—,
lo midieron
en la geometría narcótica del cosmos
—domadora de infinitos,
frontera difusa
disolviendo la piel—,
y en el lenguaje palpitante
de sus cuerpos
—blandura que brilla,
convulsa y succiona—.

Asumieron su voz a lo largo de las eras
como el latido del mar;
pero fue también lamento de una rueda,
el arte fugaz de las nubes
y los caprichos del fuego,

el resuello ciego del computador
ejecutando un algoritmo,
el clamor silencioso del lejano brillar
del firmamento.

Supieron que anidaba
en miradas devastadas,
midieron los surcos que dejaba
en aquellos que habían perdido
todas las razones;
lo encontraron
en los bloques básicos de la existencia.

Llegaron a cultivarlo
en su interior,
usaron sus entrañas de criadero;

se alimenta
por vida.

OBERTURA

Nadie habla el idioma de cristal,[6]
el leve parloteo llena completamente
un lugar donde alguien ha dejado el piano
abierto,
el chirriar de las crines corta el aire,
el dolor de la armonía
dividiendo el mundo en dos:

hay un instante en una orilla
en que culmina la pieza,
criatura de materia extraña y volátil,
viva cuando fulguran los trombones;

el silencio en la otra orilla
testimonia,
remanente de calor
que se aloja en los blandos borboteos.

TIRANÍA DEL LLANTO

Cabrilleando a lo largo de tus piernas,
gorjeos de la alborada
acuden al asombro de la vida

mientras el firmamento derrama su leche
y el perpetuo silencio,
inesperado y cierto,
arrastra la noche en la planicie;

ya la bruma alumbra un paisaje sin calles,
gritos que reverberan en piedra
y ríos que vierten a tus pies
el estruendoso fervor primordial.

ALEGATOS DE PANSPERMIA

Mundo que espera, dormido,
mundo en letargo,
mundo muerto.

Madre tejiendo en polvo
la vuelta de sus hijos
y ojos pródigos que sin saberlo
anhelan regresar.

Mundo hendido, herido,
socavado,
mundo hueco, vacío,
muerto.

Ecos de guerra, color
de la sangre, hierro
candente, llanto
telúrico; color
del silencio,
la grieta efervescente
que fermenta.

Color del martillo olvidado
en los brazos
invernales.

ESTRELLA ERRANTE

Estrella errante
le han dicho
roja, oxidada,
sola.

Prófuga en el mecanismo perfecto,
huye de las leyes
de los hombres ofuscados
en complejos epiciclos.

VELEIDAD

No sabes cómo lamer
las paredes
sin agua.

Tú, que eres viento,
que peinas los campos
y secas heridas,
sepultas al tiempo;
tú avivas hogueras
bajo el invierno
perpetuo
y cruzas líneas y nombres
sin entender de naciones:

no sabes cómo soplar
en un mundo
sin peso.

Tú, que tanto levantas jirones
como pules montañas,
llevas vida y llevas plaga,
no sabes cómo

librarte
del polvo.

Tú, que alimentas miedos y sueños
aullando tras un tragaluz,
que enfadas la mar domadora
de pequeños pueblos costeros
y das cuerpo al cabello,
a la niña que canta
entre despojos sin dueño,

no sabes cómo
levantar
el velo.

PIELES

Se mecen desmayados con la brisa los
cabellos
de una piel de vuelo verde;
piel cuarteada, lacerada, piel abierta
hinchada y supurante;
piel infectada por el veneno de un insecto
—se tatúa en negro, cicatriza
y se vuelven de asfalto sus venas—,
suda en barro, gruñe y llora ríos
—respira—,

la surcan grietas,
temblores, el miedo
de sentirse
viva.

LOS OLVIDADOS

Dejamos pasar el fin
sin que nos toque,

flotamos en el aire
ralo y frío
de la conciencia,

no queda ningún antes
fiel a lo que fuimos.

MATERIA DE AUSENCIA

Cuál es la sustancia
que transmuta,
muere al atrapar
el estertor de una estrella.

De qué están hechos
la voz y la sal,
los ecos que devuelve
el silencio,
la nada en el canal.[7]

Qué compone el recuerdo
del agua correr,
la cadencia espumosa
del delirio,
de querer volar.

Criaturas de ruina y polvo
habitan nuestra piel,
tal vez
debimos probar
a respirar.

EXTREMÓFILOS

Qué son un beso, la luz, el arte,
el final feliz de cada noche
o el llanto de una madre;
el recuerdo de los días en que no hay
muerte.

Interroga a las primeras burlas
que te hicieron reír,
las huellas, cautas, de aquellos
primeros pasos
todavía quebrantan la arena.

Ahí está la vespa de pedales
que quitaste tarde,
y los prismas, muchos prismas
esperando encajar en su tablero,
y también aquel juego de luces y nombres
de países.

Varados en la playa,
lapiceros que indagaron
el fondo de los mares.

PORVENIR

El nido albergaba un canto de hojas secas
cuando el rayo lamió la cumbre
y después cayó
sobre el momento en que preferiste
inmolar tu lengua a la noche,

vergel de polvo que había sembrado
las venas
con arroyos de falsas flores;
incontenible, se extendió a la boca
donde también mi voz
falleció en condicional.

EDAD DE LA IGNORANCIA

Tampoco te han dicho
que tendrías que tomar, llegado el
momento,
una bifurcación.

El camino recto es el más fácil,
el más seguro,
ya ves la luz del fondo:
conoces el final a la perfección.

No podrás pararte, no podrás retroceder,
habrás de girar a ciegas en cruces
desconocidos;
parecerán similares
a los anteriores.

Y a veces, tendrás que decir
adiós.

3

*La cuestión es crear algo nuevo y extraño,
algo marciano.*

Marte verde, Kim Stanley Robinson,
Ediciones Minotauro

PULSO

Vórtices hambrientos amenazan
la memoria,
engullen hasta morir de éxito;
cual prodigio negado al firmamento
escapan a la tracción de la mirada

y bailan
en ofrenda a la espiral funesta
del manantial de la melodía de las estrellas;
un chasquido mortal
perdura en el tremor de la noche:
lo que no se nombra
arde en la hoguera del silencio.

MIRÍADA INSULAR

Sus padres —que habiendo sido navegantes,
recordaban distancias de epopeya—
jamás admitirían la amargura del exilio:

rumores de un vacío
circunvolaban la ardiente tierra
usurpada al lecho abisal
y rota
por aquellos ingenuos pescadores.

De su culto a las estrellas[8]
—de aquella atracción gravitatoria—,
prendería
la pulsión de la diáspora.

NEGACIÓN ESPACIAL

Y dime
a qué consenso responde,
quién ha dicho que la disposición de países
deba ser disjunta,

que fueren censurados los lugares
donde la naturaleza medra ciega
a intereses humanos,
como la falla que parte en dos una isla
helada
y furtiva, en el lecho oceánico se desborda
y vomita tierra virgen:

a fin de cuentas, que los mapas se suman
al totalitarismo de la economía
de los espacios.

LA OPORTUNIDAD

El horizonte descolgaba el rastro
del infatigable rodar
del peregrino

condensaba el sueño marciano
en su corazón de radioisótopos.

Orientaba sus paneles
en busca del calor
de un sol lejano,

como haría la planta moribunda
en latitudes escoradas.

Como estilete malogrado,
merced a la profusión
de tormentas de polvo,
dejaba en el regolito
su burda caligrafía;

como escalpelo de mundos,
abría los secretos de Marte
a millones de cirujanos.

LOS AMNÉSICOS

Tanto daba que el tímpano abrigara
aquella plaga,
los ecos arribados como olas a la costa
sonaban distantes y hablaban
una lengua extraña;

la infamia dormía en el fondo del bidón;
brotando en él, la luminosa raíz de la
ingenuidad
era usada para empastar los muros

mientras se oficiaba la nobleza
del sarcófago,
racimos emplumados sellaron una grieta;
aquella fuga sediciosa anticipaba la noche:
nadie oyó, pero hubo otros
y en el sinfín de mareas deslizaron
la extinción.

LATIDOS DE CONSCIENCIA

Gravitando a diez metros
sobre el mar de sargazos,
ojos preñados de leche
sumergen misterios
del nervio del cosmos,[9]

un destello
y desaparece el secreto:
la materia se amodorra

para olvidar,

la vida se desentiende
en beneficio de otra vida.

NI UN INSTANTE

Ni un instante

la vida toca fondo, y el vacío
llena las entrañas
donde antes había calor;
donde justo antes
había pasión.

La negación más cruda anuncia
un final definitivo,
la esencia del miedo
es ausencia de un todo
tras el todo,
disolución de todas las historias.

Ni un instante

ya vuelve
la sangre,
es tal vez eso el olor
a moras frescas,
el ritmo remedado al caminar la columna,

el fulgor de una roca en el cielo,
rodar un metro más
y otro más, sin volverse
—apenas—:
se ha repuesto ya para quedarse,
es el hambre de un dios, es la urgencia
del combate.

TRAGEDIA

He caído en un viaje al fondo de tu alma,
las aves que se alojan en mi boca
preparan un vuelo en formación
cuando se desata la trifulca:
se asustan del calor de tu nostalgia.

El viento arrecia en este abismo
y no me quedan alas que batan los
rescoldos;
en dos minutos, la ablación
me sublima a las puertas de tu infierno.

MUNDOS EN ABISMO

El día que salimos a cazar planetas
volvimos con las manos llenas.

Ya entonces la Osa se precipitaba
sobre el mar
prometiendo un futuro silencioso
al oleaje enfurecido.

Vimos cómo los temores
se arrastraban en la arena;
y aun ahogada, su palidez
afirmaba su regreso.

Pero aquel día
volvimos con las manos llenas.

HIEROFANÍA

I

No será un contorno
nunca más,
sobre el mapa hay piedras que caminan;[10]
las he visto, lindes que te hablan
de rostros en la bruma,
de pasos ocultos, las rutas que trazaron
los primeros peregrinos.

II

Hace mucho que no llevan agua,
aún bajan llenas las regueras.

III

Brotan por miles los ejes
que mueven el cosmos,
beben del brillo polar y habitan
montañas heridas,
templos sublimados en nubes;

los hitos que engendran
multitud de naciones.

IV

Donde la vista no sirve,
espera siempre un fin del mundo,
huracanes de polvo
castigan
la piel por descubrir.

EL EXCURSIONISTA

La inefable sensación de coronar es aire
abandonando un cuerpo que vuela
sobre la polvorienta alfombra
de otro mundo.

Los ojos topan con la brecha donde la roca
se vomitó a sí misma;
a la espalda, el vano grita
la ausencia de un océano.

La tierra cobra el tono
de la devastación arcana,
pequeños animales blancos
se arrastran en la escombrera,
no alcanzan a escuchar
el lejano batir de la abundancia.

En el nimbo del cráter
aguarda una antigua madriguera,
refulge en la bruma
encendiendo los pasos
de nuevos visitantes:

la ciencia custodia
de un último vestigio.

NOTAS

¹ Aunque la naturaleza de estos seres sigue siendo una incógnita, es preciso mencionar que para algunos autores existe una relación entre las entidades mencionadas en el poema y las llamadas nubes de Isidis identificadas en las tablillas de escritura logográfica de Albor Tholus.

² Posible referencia a la plaga que azotó la mayor parte de la costa del mar interior de Hellas durante el reinado de Nelt III. Estudios recientes sitúan el origen de la epidemia en la ciudad de Terby, en una época en que la apertura de nuevas rutas comerciales hizo común el contagio. Los manuscritos históricos describen la sintomatología como una disminución progresiva de las capacidades cognitivas, siendo habitual la presencia de un velo blanco en las pupilas del enfermo. Atendiendo al registro médico del momento, en su fase terminal, el paciente no hablaba ni veía.

³ Según la escuela filosófica de Kasei Vallis, la realidad accesible es una superposición del

mundo físico objetivo y los efectos de la percepción. Lo interpretado a nivel individual, el mundo privado o *idios kosmos,* resulta imperturbable por estar oculto a la comunidad: se trata, por consiguiente, de un sistema aislado que solo evoluciona en tanto en cuando el propio individuo, como sistema psicobiológico, experimente cambios. En contraste, cuando se destila, el *koinos kosmos* posibilita el consenso, así como la capacidad de interacción entre los individuos y el entorno.

[4] Hoy en día, aún puede visitarse en Uzboi Vallis, limitando al norte con la cuenca de Argyre, el barco de arena erigido como monumento al navegante.

[5] Según la tradición de Syrtis, los espíritus de los niños acuden con frecuencia a las ruinas de las antiguas ciudades marcianas, especialmente aquellas con mayor exposición a las tormentas de arena, para crear su música. Quienes afirman haber presenciado la escena

testimonian que los párvulos recurren al viento
y a la levedad de los restos que hacen percutir.

[6] Posible referencia a los seres mitológicos que
llegaran en cometas y colonizaran Marte en
tiempos del bombardeo tardío. Se dice en el
Libro de Elysium que, con la aparición de las
primeras formas de vida oriunda, se hundie-
ron bajo la corteza y, al abrigo del planeta, se
convirtieron en cristal.

[7] Alusión a una canción popular de Marte Vallis
que acostumbraba a entonarse en funerales de
la nobleza. Su estrofa más conocida es:

Pequeña comitiva y huesos
honrando el bramido olvidado,
el anhelante lecho extendió sus brazos
al llanto coagulado en la urdimbre de roca
en respuesta al silencio, a la nada
se alzó en clamor de un mundo embebido
en su débil memoria de barro.

[8] Atendiendo a las fuentes históricas, existe consenso en que los primeros pobladores de Tharsis desarrollaron verdadera devoción por el cielo, hasta el punto de construir inmensos artefactos especializados en el seguimiento de objetos astronómicos durante largos periodos de tiempo. Del análisis detallado de las tablas recuperadas (en concreto, de los datos sobre movimiento planetario, avistamiento de cometas —especialmente tras la identificación del que se cree que fue el Siding Spring II—, registro de eclipses y varios tránsitos de la Tierra frente al disco solar), se deduce que la empresa los ocupó durante siglos. Además, se han encontrado indicios suficientes para creer que este empeño indagador estuvo esencialmente ligado a su sistema de creencias y que sirvió de ayuda, al menos durante ciertos periodos, para legitimar el orden político imperante. La incertidumbre proviene de que, a excepción de los registros astronómicos que sobrevivieron gracias al afán continuador de los descendientes de aquellos primeros observadores, apenas se conservan textos de la época, siendo la le-

yenda de Minuerta la que más transcendencia ha adquirido con el tiempo. En ella se cuenta cómo el héroe y su sobrina, la bella Tallis, alcanzaron la cumbre de Olympus Mons con el objeto de atrapar a Fobos —por entonces un asteroide a la deriva que se había descolgado del cinturón— y ganarse con ello el respeto de las autoridades de aldeas aledañas.

[9] Algunos diagramas de la biblioteca de Ascraeus representan la estructura a gran escala del universo como si fuera una malla de neuronas en que las células nerviosas representarían grandes cúmulos, y los axones y dendritas filamentos compuestos por galaxias.

[10] Voz de la epopeya clásica de Marineris: «Todo sermón previo se reveló inútil a la postre; pues las tierras, lejos de ser fijas, mostraban temperamento y eludían el arte cartográfico».

SOBRE EL POEMARIO

Areografía cobró forma entre los años 2012 y 2016 en residencia mayoritariamente santanderina, a cuenta de destellos de consciencia. Pese a que éstos, en ocasiones, puedan ser estimulados por un sinfín de vivencias, componer el poemario se asemeja en cierto sentido a observar el cielo. Entonces la vista se mantiene alerta, a la espera de un pulso probablemente breve y descocado, a veces impredecible; confidencias azarosas de lo material hacia un oyente solícito.

El viaje que se inicia en la primera parte del poemario empieza con un final que incita a evocar lo que se deja atrás, las potencialidades de aquello que se ha perdido. Una tragedia donde la invasión se confunde con lo marciano y lo marciano con lo humano. La voz de los poemas se afana en atrapar pedazos de una realidad esquiva, manifestándose como un roce por el rabillo del ojo, siempre desde lo sutil y procurando negar el vacío. Por fin, se amortigua en la noche eterna, el momento en que todas las luces brillan hasta la extenuación sin lograr llegar a nadie.

En la segunda parte, el viaje toca fondo y discurre junto a la pared del abismo aleteando en una corriente ascendente de renovación y vida. Los paisajes encarnan de nuevo la respiración de un mundo. Su contemplación da paso a un torrente de recuerdos, la joya de nostalgia que, a la luz cenicienta de la caída, arroja cierta calma sobre el maremágnum de lo vivido.

La última parte, en clave de restauración, pretende reconciliar la voluntad del poeta con la realidad, definitiva y rotunda, mediante una suerte de concesiones, entre las que se cuentan el olvido y la esperanza.

Al mismo tiempo, Marte atraviesa el poemario como una brisa. Acumula nostalgia, ofrece sus relieves de refugio, encarna a una madre, exalta sentidos y representa la posibilidad de empezar de nuevo.

SOBRE EL AUTOR

Raúl Fernández Cobos nació en Oviedo en 1985 y creció en Mieres (Asturias). Es licenciado en Física por la Universidad de Oviedo y en Antropología Social y Cultural por la Universidad Nacional de Educación a Distancia. En 2014, se doctoró en la Universidad de Cantabria con una tesis sobre Cosmología. Actualmente, vive en Santander, donde desarrolla su labor investigadora en ese campo.

En el terreno literario, fue galardonado en 2011 con el Premio José Hierro de Relato Breve, concedido por el Ayuntamiento de Santander, por el relato titulado *El faro*. Tres años después, obtuvo el accésit en la categoría de poesía del mismo premio con el poemario *La noche en que murió Charlie*. Ambas obras han sido recogidas en sus correspondientes antologías por El Desvelo Ediciones.

Desde muy joven, sintió debilidad por la escritura. Adoptando la prosa como sustrato de sus experimentos tempranos, a los ocho años dio rienda suelta a su imaginación sumergiéndose en una invasión a la Tierra orquestada por unos seres procedentes de Plutón, por entonces aún planeta. Si bien de manera esporádica, con el tiempo no dejó de escribir relatos breves. Su incursión en la poesía es relativamente reciente, a la que descubre como el medio natural de expresión cuando lo que contempla resulta tan sencillo como inefable.

ÍNDICE

OTROS TÍTULOS PUBLICADOS

Colección poieo de poesía:

- DIALÉCTICA DE OJOS (MARÍA FERREIRO / ARIM ATZIN)
- EL MAR (MARÍA FERREIRO / ARIM ATZIN)
- EL MAL (NACIDO) (MARÍA FERREIRO / ARIM ATZIN)
- ETÉREA (CYNTHIA SABINA)
- ANTES DE CRUZAR EL PIÉLAGO (HUGO ORTEGA VÁZQUEZ)

Colección theasthai de teatro:

- CURADO DE PIÑÓN PARA ALIVIAR EL CORAZÓN. SÁTIRA PARA DÍA DE MUERTOS (HUGO ORTEGA VÁZQUEZ)

Colección gignosko de autoconocimiento:

- MI LUNARIO MENSTRUAL. REGISTRO DE MENSTRUACIÓN CONSCIENTE Y CALENDARIO MENSTRUAL (MARÍA FERREIRO / ARIM ATZIN)
- EMBARAZARTE. CÓMO CONCEBIR Y VIVIR UN EMBARAZO CONSCIENTE (NURIA ARAGÓN CASTRO)
- ALUMBRARTE. CONSEJOS PARA UN PARTO Y POSTPARTO CONSCIENTES (NURIA ARAGÓN CASTRO)
- AMAMANTARTE CON AMOR. LACTANCIA MATERNA CONSCIENTE (NURIA ARAGÓN CASTRO)